엉뚱한 세계사 아프리카

표범이 궁전에서 살았다고?

팀 쿡 글 | 이계순 옮김

팀 쿡 글
영국 옥스퍼드 대학을 졸업하고, 25년 이상 다양한 주제로 수십 권이 넘는 논픽션 도서를 써 온 작가이자 편집자예요. 미국 독립 혁명과 남북 전쟁, 제1-2차 세계 대전, 베트남 전쟁 같은 전쟁의 역사와 고대와 현대 역사뿐만 아니라, 과학 분야를 다룬 글을 쓰기도 했어요. 주요 도서로는 《발명의 역사》 등이 있습니다.

이계순 옮김
서울대학교 간호학과를 졸업한 뒤, 어린이·청소년책 전문 번역가로 활동하고 있어요. 번역한 책으로는 《그날이야》, 《지키지 말아야 할 비밀》, 《달에서 생일 파티를 한다면?》, 《유령》, 《안전한 불 위험한 불》, 《아낌없이 주는 도서관》, 《나는 용감한 리더입니다》, 《나는 빛나는 예술가입니다》 그리고 〈공룡 나라 친구들〉 시리즈 등이 있습니다.

엉뚱한 세계사 _ 아프리카
표범이 궁전에서 살았다고?

초판 1쇄 발행 2023년 6월 19일 | **초판 2쇄 발행** 2025년 4월 30일
글쓴이 팀 쿡 | **옮긴이** 이계순
펴낸이 홍석 | **이사** 홍성우 | **편집부장** 이정은 | **책임편집** 조유진 | **편집** 노한나 | **디자인** 양태종 · 김영주
마케팅 이송희 · 김민경 | **제작** 홍보람 | **관리** 최우리 · 정원경 · 조영행
펴낸곳 도서출판 풀빛 | **등록** 1979년 3월 6일 제2021-000055호 | **제조국** 대한민국 | **사용연령** 8세 이상
주소 서울특별시 강서구 양천로 583 우림블루나인 A동 21층 2110호
전화 02-363-5995(영업) 02-362-8900(편집) | **팩스** 070-4275-0445
전자우편 kids@pulbit.co.kr | **홈페이지** www.pulbit.co.kr
블로그 blog.naver.com/pulbitbooks | **인스타그램** instagram.com/pulbitkids
ISBN 979-11-6172-589-5 74900 | 979-11-6172-555-0(세트)

A QUESTION OF HISTORY: DID THE KINGS OF BENIN KEEP PET LEOPARDS?
Text by Tim Cooke Illustrations by Matt Lilly
First published in Great Britain in 2021 by Wayland
Copyright © Hodder & Stoughton Limited, 2021
Korean edition copyright © Pulbit Publishing Company, 2023 All rights reserved.
This Korean edition published by arrangement with Hodder & Stoughton Limited, on behalf of Wayland, a part of Hachette Children's Group, through Shinwon Agency Co., Seoul.

사진 출처:
Alamy: Agefotostock 15b; Michele Burgess 13b; CPA Media Pte Ltd 27t; Adam Eastland 5, 23c; Werner Forman/HIP 12b; Granger Historical Archive 11b, 19t, 30; Peter Horee 8b; Reuters 27c; Westend61 GmbH 22t; World History Archive 6bl.
Trustees of the British Museum: 9b.
New York Public Library: Schomberg Center For Research in Black Culture 19b.
Shutterstock: Anya Stock 23b; Arka38 29t; Holly Auchincloss 29b; James Dalrymple 25t; Vladyslav Danlin 11t; Iakov Filimonov 24cr; Oleg Golovnev 20t; Eric Issellee front cover, 1, 6cr, 21b, 24bl; Louella938 17t; Photography 28c; Damian Ryszawy 24t; Super Prin 24tr; Tim UR 25c.
Wikimedia Commons: PD/Rosser1964 16t, 17b.

이 책의 한국어판 저작권은 신원 에이전시를 통한 저작권사와의 독점 계약으로 도서출판 풀빛에 있습니다. 저작권법에 의해 한국 내에서 보호를 받는 저작물이므로 무단전재와 무단복제를 금합니다.

*책값은 뒤표지에 표시되어 있습니다.
*종이에 베이거나 긁히지 않도록 조심하세요. 책 모서리가 날카로우니 던지거나 떨어뜨리지 마세요.
*파본이나 잘못된 책은 구입하신 곳에서 바꿔 드립니다.

차례

4-5
아프리카의 베닌 왕국은 어떤 나라일까?

6-7
왜 베닌 왕들은 표범을 반려동물로 키웠을까?

8-9
베닌 왕들은 정말 투명 인간이었을까?

10-11
베닌 왕국에서는 어떤 옷을 즐겨 입었을까?

12-13
정말 베닌에 최초의 기념품점이 있었을까?

14-15
콩으로 어떻게 살인 사건을 해결했을까?

16-17
부자들은 왜 절뚝거리며 걸었을까?

18-19
베닌 왕국 사람들은 왜 열쇠를 잃어버리지 않았을까?

20-21
노동자들은 왜 꼭 단체에 가입해야 했을까?

22-23
베닌 왕국의 밀랍은 다 어디로 갔을까?

24-25
농부들은 왜 열대 우림의 나무를 불태웠을까?

26-27
자전거가 어떻게 베닌 왕국을 파괴했을까?

28-29
궁금해요, 궁금해!

30-31
세계사 연표

32
용어

아프리카의 베닌 왕국은 어떤 나라일까?

세계 지도를 펼치면 서아프리카 지역에 '베냉'이라는 나라가 보일 거예요.
자, 여기서 헷갈리면 안 돼요! 베냉은 이 책에서 살펴볼 베닌 왕국과 같은 나라가 아니에요.

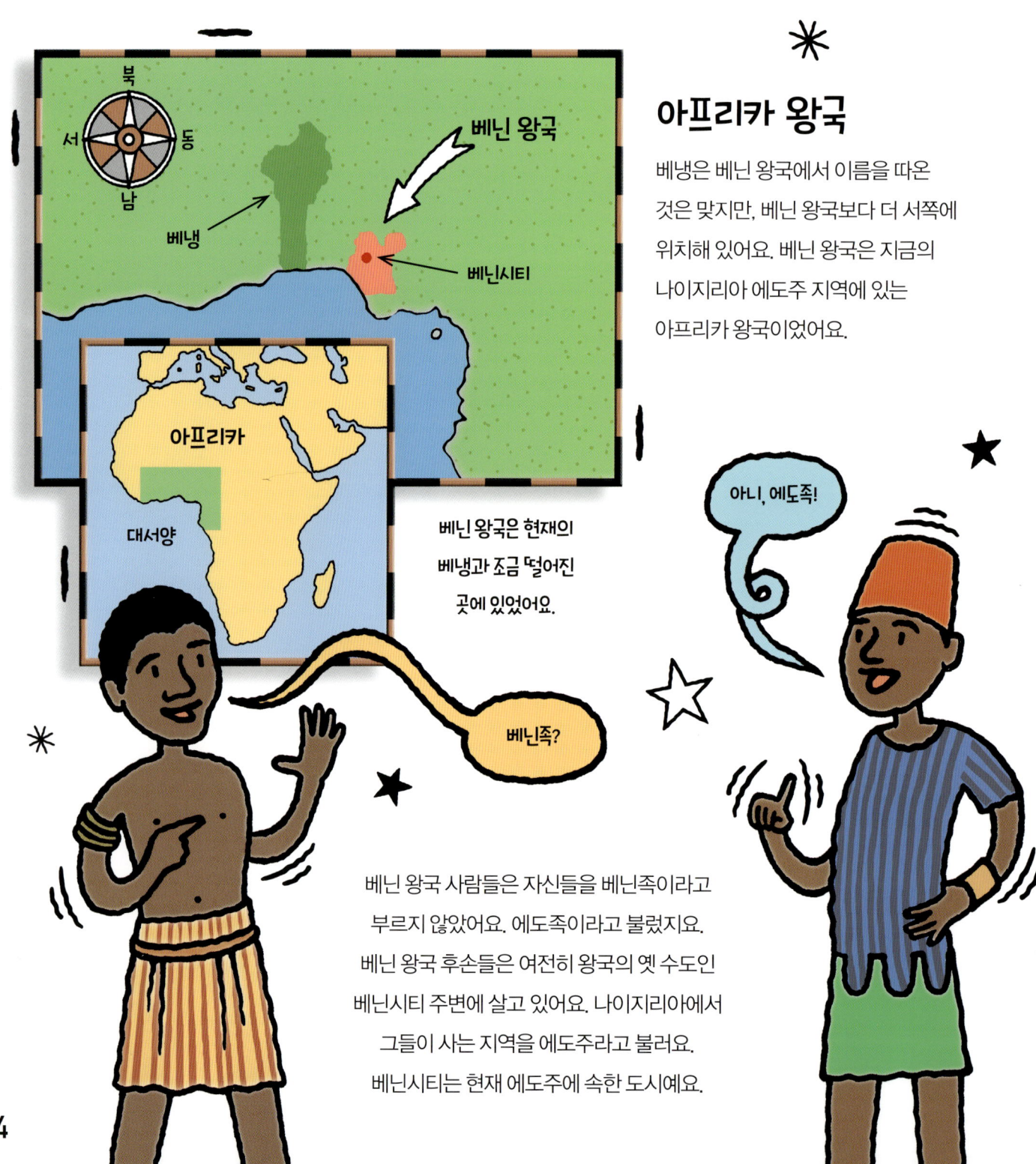

아프리카 왕국

베냉은 베닌 왕국에서 이름을 따온 것은 맞지만, 베닌 왕국보다 더 서쪽에 위치해 있어요. 베닌 왕국은 지금의 나이지리아 에도주 지역에 있는 아프리카 왕국이었어요.

베닌 왕국은 현재의 베냉과 조금 떨어진 곳에 있었어요.

베닌 왕국 사람들은 자신들을 베닌족이라고 부르지 않았어요. 에도족이라고 불렀지요. 베닌 왕국 후손들은 여전히 왕국의 옛 수도인 베닌시티 주변에 살고 있어요. 나이지리아에서 그들이 사는 지역을 에도주라고 불러요. 베닌시티는 현재 에도주에 속한 도시예요.

베닌 왕국의 전성기

약 900년에서 1897년까지, 거의 1천 년 동안 베닌 왕국은 아프리카에서 아주 막강한 나라 중 하나였어요. 하지만 에도 사람들은 기록을 남기지 않았어요. 대신 과거와 관련된 많은 이야기를 말로 전하며 후손들이 기억할 수 있게 했지요.

처음에는 '오기소'가 에도 사람들을 다스렸어요. 오기소는 신처럼 신비로운 왕들을 부르는 말이에요. 그러다 1180년에 '오바'라는 통치자들이 오기소의 자리를 차지했지요. 오바는 베닌 왕국을 완전히 장악했어요. 15세기에는 '전사 왕'이라 불린 여러 오바들이 새로운 땅을 정복해 베닌 왕국의 영토를 넓혔지요.

베닌 왕국은 유럽에서 온 상인들과 무역도 시작했어요. 무역을 통해 부유해진 베닌 왕국은 무기를 사 아프리카 지역에서 무기를 가장 잘 갖춘 군대도 갖게 되었어요.

오바 오졸루아(1481-1504)의 모습이 새겨진 것으로 추정하는 청동 명판

베닌 왕국의 몰락

베닌 왕국은 19세기 후반까지 막강한 힘을 자랑했어요. 하지만 점점 무역이 쇠퇴하고 통치자들이 자기들끼리 싸우기 시작했지요. 1897년, 영국군이 베닌 왕국을 점령했어요. 그러고는 베닌 왕국을 나이지리아의 일부로 만들어 버렸지요.

베닌 왕국은 사라졌지만 에도 사람들은 남아 있어요. 그들은 지금도 여전히 에도주의 여러 마을에서 조상들이 살던 방식 그대로 살고 있어요.

베닌 왕국은 아프리카에서 가장 부유하고, 오랫동안 유지됐던 나라 중 하나예요. 베닌 왕국의 성공 비결은 무엇일까요? 계속 읽어 보아요!

왜 베닌 왕들은 표범을 반려동물로 키웠을까?

베닌 왕국의 왕들은 표범을 반려동물로 키웠어요. 아주 멋졌겠지요? 하지만 표범은 아니었을 거예요. 궁전에서 사는 것보다 자연에서 자유롭게 돌아다니는 것을 더 좋아했을 테니까요.

산책할 시간이다!

정글의 왕

에도 사람들은 오바가 사람을 다스리는 왕인 것처럼, 표범이 정글을 다스리는 왕이라고 생각했어요. 그러니 표범이 오바의 권력을 상징하는 동물이 된 건 아주 당연한 일이었지요.

표범

베닌 왕국에서는 점토와 상아를 이용해 표범을 조각하거나 청동으로 만들었어요. 털 때문에 표범을 죽이기도 했지요. 표범 털이 오바에게 잘 어울렸거든요. 물론 살아 있는 표범에게 더 잘 어울렸겠지만요!

표범을 베닌시티의 우리에 가두기도 했어요. 행렬이 있는 날이면 왕의 권력을 사람들에게 보여 주기 위해 오바와 표범이 함께 걸었지요.

야수 길들이기

표범은 오바의 권력뿐 아니라, 에도 사람들의 힘을 상징하기도 했어요.
야생 동물을 길들였다는 사실 자체가 에도 사람들이 험난한 정글을 정복했다는 증거니까요.

표범은 위험천만한 동물이에요. 날카로운 이빨, 민첩한 발놀림 그리고 고기를 먹는 식습관까지! 이 고기에는 사람도 포함돼요⋯.

베닌 왕국은 대부분 열대 우림으로 뒤덮여 있었어요. 그래서 에도 사람들은 자연과 끊임없이 싸워야 했지요.

나무를 아무리 베도 금세 다시 자라네!

숲에서 살아남기

베닌시티 외곽에 사는 사람들은 대부분 숲의 개간지에서 살았어요. 개간지는 거친 땅을 일구어 쓸모 있게 만든 땅을 말해요. 사람들은 나무를 베어 밭을 만들고 농작물을 길렀어요. 활과 화살 또는 창으로 사슴이나 영양, 토끼 같은 숲속 동물을 사냥하기도 했지요. 덫을 놓아 동물을 잡기도 했고요.

쏘지 마!

베닌 왕들은 정말 투명 인간이었을까?

당연히 아니었지요! 하지만 베닌 왕국에서 왕 오바를 본 사람은 거의 없었어요. 그래서 오바가 눈에 보이지 않는 투명 인간이라고 믿는 사람들도 있었어요.

밤을 새우는 오바?

에도 사람들은 오바를 신처럼 여겼어요. 그래서 오바를 투명 인간이라고 생각하는 것이 무리는 아니었지요. 오바가 사람들을 감시하기 위해 잠도 자지 않는다고 믿는 사람들도 있었어요.

미꾸라지 같은 오바?

에도 사람들은 오바가 세상을 창조하고, 자신들도 창조한 신 '오사노부아'의 후손이라고 믿었어요. 그래서 오바도 오사노부아처럼 물과 땅을 마음대로 다룰 수 있다고 생각했지요. 마치 미꾸라지처럼 말이에요. 미꾸라지는 물에서도 땅에서도 숨을 쉴 수 있거든요.

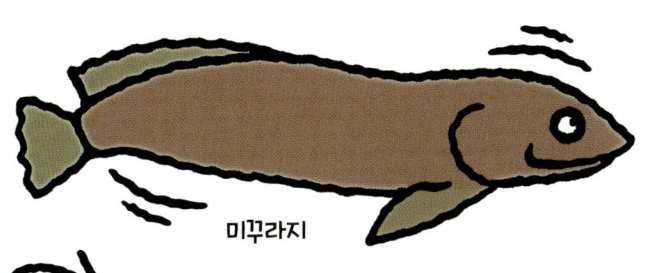
미꾸라지

만약 오바가 반은 인간, 반은 미꾸라지 모습이었다면 멋있지는 않았을 것 같네요!

바쁜 부하들

오바는 궁전 안에서 베닌 왕국 전체를 지배했어요. 베닌의 모든 땅을 소유했고, 베닌에서 벌어지는 모든 무역을 통제했지요.

'우자마'라는 연장자들은 오바에게 조언을 해 주었어요. 귀족 가문 출신 족장들은 궁전과 나라 경제 운영을 도왔고요. 부유한 가문 출신의 남자아이들은 커서 왕국 통치를 돕기 위해 궁전에서 교육을 받았어요. 다른 족장들은 베닌시티 밖에 있는 마을들을 다스렸지요.

손이 지느러미인 건 괜찮아. 근데 주머니에서 물건을 꺼낼 때는 영 힘드네!

전쟁에 강한 전사 왕

오바는 군대도 지휘했어요. 에도 사람들은 위대한 전사들이었지요. 15세기, 에우아레 대왕이라 불린 오바는 무역으로 번 돈으로 유럽식 총을 샀어요. 그래서 베닌의 군대는 다른 어떤 군대보다 강해졌지요. 에우아레 대왕 이후에는 전쟁에 강한 '전사 왕' 네 명이 나라를 연달아 다스리며 영토를 넓혔어요. 마침내 1601년, 베닌 왕국 영토가 최대에 이르렀어요.

베닌 왕국을 방문한 포르투갈 상인들은 총으로 무장하기도 했어요.

베닌 왕국에서는 어떤 옷을 즐겨 입었을까?

베닌시티 장날에는 화려한 볼거리가 많았어요. 사람들은 가장 좋은 옷을 입고서 물건을 팔거나 음식을 샀지요. 어디를 보아도 밝고 강렬한 색상의 옷들로 가득했는데, 대부분은 줄무늬 옷이었어요.

줄무늬로 가득한 세상

베닌 왕국은 줄무늬 옷으로 유명했어요. 처음에는 다른 아프리카 지역 사람들이 베닌의 줄무늬 옷을 샀어요. 그러다 15세기부터는 다른 나라 상인들도 사기 시작했고요. 베닌의 줄무늬 옷은 유럽에서 큰 인기를 끌었어요.

줄무늬 옷은 목화나 야자수의 섬유질로 만들었어요. 섬유질을 꼬아 실로 만든 다음 색깔 있는 식물이나 광물을 이용해 염색했지요.

옷감은 베틀로 짰어요.

여자가 하는 일

옷감 짜는 일은 대부분 여자가 했어요. 여자들이 돈을 벌기 위해 할 수 있는 몇 안 되는 일 중 하나였지요. 여자들은 주로 가정을 돌보았어요. 집에 물과 장작이 넉넉히 있는지 확인하고 식사를 준비했지요. 옷감 짜는 일 말고 도자기를 만들어 예쁘게 꾸미는 일도 했어요.

전문적인 상인이 되어 음식, 옷, 도자기 등을 사고팔기도 했어요.
그러다 아주 부자가 된 여자 상인도 가끔 있었어요.

왕대비

베닌 왕국에서 적어도 한 명의 여성은 권력을 어느 정도 갖고 있었어요. 왕의 엄마, 즉 왕대비인 '이요바'는 베닌시티 외곽에 있는 우스루 궁전에서 왕에게 조언했지요. 첫 번째 이요바인 이디아 왕대비는 아들이 전쟁에서 이기게끔 도와준 뒤 이요바 칭호를 얻었어요. 권력을 가진 이요바였지만, 아들이 왕이 되면 아들의 얼굴을 다시는 볼 수 없었어요! 우스루 궁전에 머물면서 전달자를 통해서만 왕과 소통했지요.

이디아 왕대비

정말 베닌에 최초의 기념품점이 있었을까?

박물관이나 궁전 같은 명소에 갔던 일을 떠올려 보아요. 출구 쪽에 항상 기념품점이 있지 않았나요? 우리는 그곳에서 기념품을 사곤 해요.

베닌 왕국에서는 이미 수백 년 전부터 기념품을 팔았어요. 귀여운 모양의 솜 인형을 판 건 아니었지만요.

인기 있는 포르투갈 상인들

1485년 무렵에 포르투갈 상인들이 처음으로 베닌에 도착했어요. 유럽의 다른 상인들은 그 뒤에 왔고요. 포르투갈은 베닌의 주요 무역 상대국이 되었어요. 그들은 오바에게 무기를 팔았지요. 개오지 껍데기와 산호, 질 좋은 옷감, 황동도 팔았어요.

오바 궁전에서 나온 청동 명판. 포르투갈 상인과 그의 아들로 추정해요.

개오지 껍데기

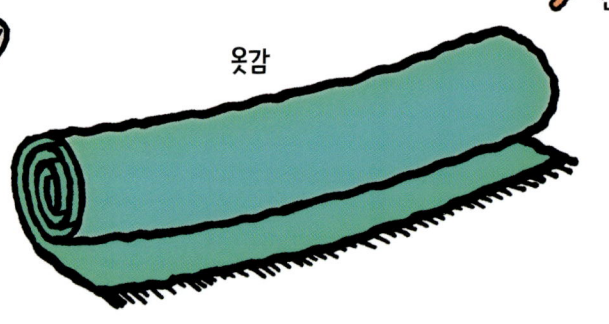

옷감

산호

반대로 포르투갈 상인들은 코끼리 상아와 후추를 원했어요. 후추는 음식이 자주 상했던 유럽에서 인기가 아주 높았지요. 상한 맛을 감추는 데 후추가 도움이 되었거든요!

절호의 기회

베닌의 상아 조각가들은 여기서 기회를 포착했어요. 포르투갈 상인들만을 위한 기념품을 만들기 시작한 거예요. 조각가들은 상아로 포르투갈 사람을 조각했어요.

끔찍한 무역

유럽 사람들이 베닌에서 또 사고 싶었던 건 노예였어요. 오바의 군대는 오래전부터 이웃 나라 사람들을 잡아 아프리카의 다른 왕국에 팔았어요. 유럽과 무역이 시작되자, 이제는 유럽 사람들에게 노예를 팔았지요. 유럽 상인들은 노예를 배에 실어 유럽으로 보냈고, 나중에는 아메리카 대륙으로도 보냈어요. 유럽과 에도 사람들 모두 노예가 된 사람들의 권리보다는 돈 버는 데만 관심을 가졌지요. 참 안타까운 일이었어요.

예상이 적중했어요! 포르투갈 상인들이 정말로 원했던 것은 베닌에 있는 자신의 모습이 새겨진 조각품이었거든요. 집에 돌아가 친구와 가족에게 자랑하기 위해서요. 포르투갈 상인들이 조각 기념품을 너무 많이 사는 바람에, 베닌의 조각가들은 이웃 나라에서 상아를 더 사야만 했지요!

노예가 된 아프리카 사람들을 기리는 서아프리카의 기념비

콩으로 어떻게 살인 사건을 해결했을까?

'칼라바르콩'이라고 들어 보았나요? 이 콩은 먹지 않는 게 좋아요. 열대 식물에 색깔이 까만 콩인데, 안에 독이 들어 있거든요. 칼라바르콩을 먹으면 숨을 제대로 쉴 수 없어요. 그러다 심해지면 목숨을 잃을 수도 있지요.

그래서 베닌 왕국의 제사장들은 칼라바르콩이 아주 유용하다고 생각했어요. 그들은 이 콩으로 용의자가 죄를 지었는지, 안 지었는지 알아냈지요.

칼라바르 식물과 콩

콩으로 범인 찾기

어떻게 알아냈냐고요? 제사장들은 우선 용의자에게 죄가 없음을 맹세하도록 했어요. 용의자는 거짓 맹세도 하지 못했어요. 왜냐하면 에도 사람들은 거짓으로 맹세하면 신들에게 벌을 받는다고 믿었거든요.

용의자는 맹세한 뒤에 칼라바르콩을 먹어야 했어요. 용의자가 죽으면 그 사람은 유죄였어요. 만약 살아남으면, 맹세가 진실이고 용의자도 무죄라는 뜻이었지요.

영혼의 세계

이상하게 들릴 수도 있지만, 에도 사람들은 현실 세계에서의 진실을 영혼의 세계가 밝힐 수 있다고 믿었어요. 그리고 이 영혼의 세계와 소통할 수 있는 제사장을 매우 신뢰했지요.

예를 들어, 농작물이 잘 자라지 못한다고 해 볼게요. 그건 누군가가 여러분의 가족에게 저주를 걸어서 그런 걸지도 몰라요. 아니면 조상 중 한 명이 여러분 가족에게 서운해하고 있을지도 모르고요. 이처럼 제사장은 현실 세계에서 일어난 일의 원인이 무엇인지 알아내고, 어떻게 해야 하는지를 알려 주었어요.

네 형제

영혼의 세계는 신들이 다스렸어요. 그중 가장 높은 신은 에도 사람들을 창조한 오사노부아였지요. 그런데 오사노부아는 인간까지 신경 쓸 겨를이 없었어요. 그래서 오사노부아의 자식 네 명이 인간의 일을 맡아서 돌보았지요.

올로쿤
바다의 신

오기우우
죽음과 저승의 신

오순
숲의 신

오군
철의 신

> 너희 조상님이 말씀하시길, 앞으로 조상을 더 잘 모시겠다는 뜻으로 제사장인 내게 저녁을 사라신다!

부자들은 왜 절뚝거리며 걸었을까?

부유한 에도 사람들은 발목에 황동 고리 '마닐라'를 차고 다녔어요. 마닐라를 화폐 대신 사용하기도 하고, 부를 과시하기 위해 사용하기도 했어요.

너무 무거운 황동

황동은 무거운 금속이었어요! 엄청난 무게 때문에 사람들은 절뚝거리며 걸었지요. 그러자 부자인 척하고 싶은 가난한 사람들도 발목에 마닐라를 찬 것처럼 걷기 시작했어요.

그래서 베닌에서는 많은 사람이 절뚝거리며 걸었어요. 진짜 부자든 아니든 말이에요!

마닐라

어제 항아리를 여섯 개 팔았어.

나는 일곱 개!

황동의 쓰임새

마닐라는 대부분 유럽에서 만들어졌어요. 유럽에서는 황동이 저렴했거든요. 유럽 상인들은 마닐라를 아프리카 물건과 교환했어요. 에도 사람들은 마닐라를 녹여 예술 작품으로 만들기도 했지요. 1940년대까지 마닐라는 서아프리카에서 화폐처럼 사용되었어요.

조개 화폐

예로부터 베닌 왕국에서는 '개오지'라는 작은 조개껍데기도 화폐로 사용했어요. 개오지는 인도양에서 주로 잡혔지요. 그래서 인도양에서 베닌까지, 아주 먼 거리를 이동해 온 개오지는 가치가 높았어요.

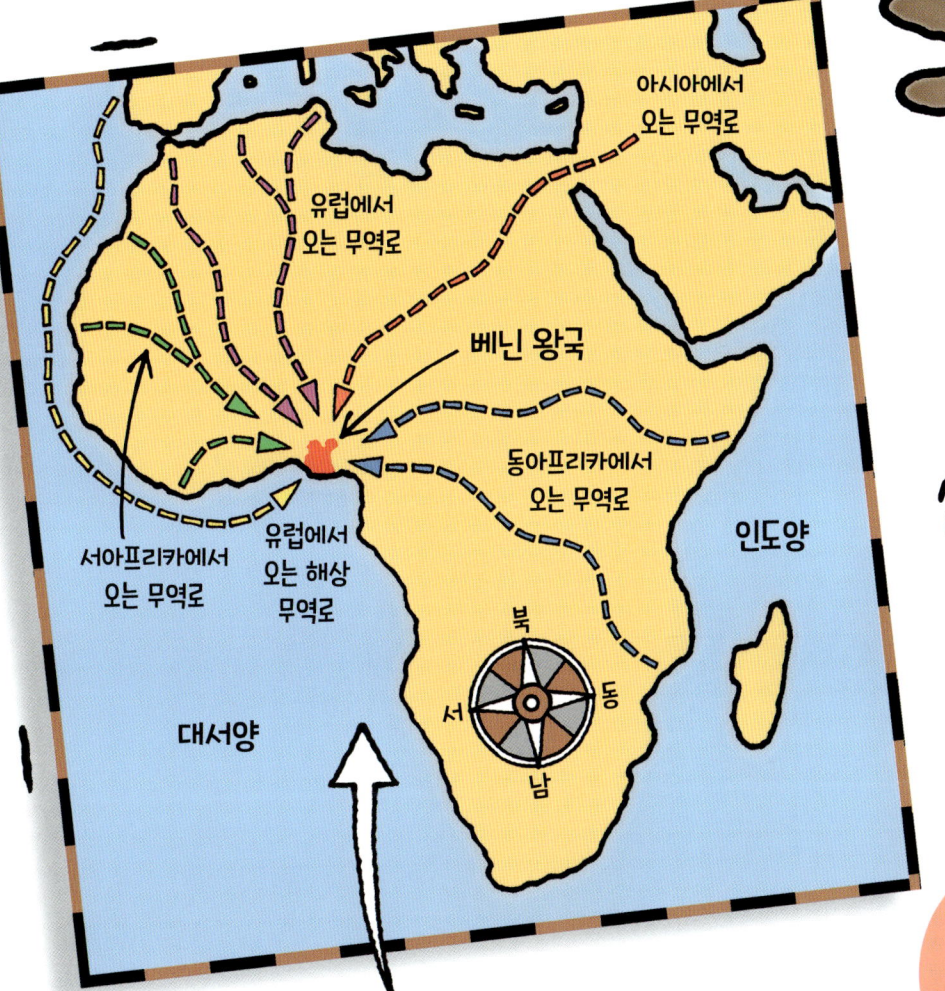

사실 개오지 하나하나는 그렇게 가치가 높지 않았어요. 하지만 여러 개를 줄로 꿰면 제법 돈이 되었지요.

삽니다! 팝니다!

베닌 왕국의 부와 권력은 무역에서 나왔어요. 아프리카의 인기 있는 무역로들이 모두 베닌에서 만났거든요. 베닌 왕국 내에서도 무역이 활발히 이루어졌고요.

마닐라는…

마닐라 이름은 포르투갈어와 스페인어로 팔찌를 뜻하는 '마닐라'에서 따왔어요. 황동 고리 마닐라가 팔찌와 비슷하게 생겼으니까요.

베닌 왕국 사람들은 왜 열쇠를 잃어버리지 않았을까?

열쇠를 처음부터 갖고 있지 않다면 잃어버릴 일도 없지요! 유럽 상인들은 베닌시티에 있는 건물에 현관문이 없는 것을 보고 몹시 놀랐어요.

 현관문 없음 = 자물쇠 없음 = 열쇠 없음!

범죄 없는 도시

베닌시티에는 현관문이 필요 없었어요. 범죄가 일어나지 않았으니까요. 유럽 사람들은 굉장히 당황했어요. 당시 유럽에서는 강도와 폭력 사건이 자주 일어났거든요.

그런데 알아 두어야 할 게 있어요. 베닌시티에 대해 글을 쓴 유럽 사람 중에 실제로 베닌시티에 가 본 사람은 별로 없었다는 거예요. 그들은 다른 상인들에게서 전해 들은 이야기를 적었지요. 하지만 베닌을 방문한 상인들이 많았기 때문에, 베닌시티가 평화롭고 안전하다는 이야기는 어느 정도 사실이었을 거예요.

베닌의 해결사

베닌시티 공무원 중에는 논쟁을 해결하고 범죄를 예방하는 데 도움을 주는 사람이 있었어요. 만약 물건을 훔치다 걸렸다면 다음과 같이 해야 했어요.

① 사과한다.
② 훔친 물건을 돌려준다.

격자무늬 거리

베닌시티의 거리는 격자무늬로 되어 있어 넓고 곧았어요. 유럽 도시들보다 훨씬 깨끗했지요. 비가 오면 빗물이 배수구로 빠져나갔기 때문에, 도로가 진흙으로 엉망진창 되지 않았어요.

저녁이 되면 야자 기름으로 불을 밝히는 기름등이 켜지면서 거리가 환해졌어요. 거리에는 안마당이 딸린 점토로 만든 커다란 집들이 쭉 늘어서 있었지요. 가장 큰 건물은 오바의 궁전이었어요. 궁전이 너무 커서 방문객들은 종종 안에서 길을 잃기도 했어요!

오바가 궁전에서부터 행렬을 이끌고 있어요.

높고 긴 성벽

베닌시티는 흙으로 만든 높은 성벽으로 둘러싸여 있었어요. 이 성벽은 사이가 안 좋은 이웃과 야생 동물로부터 도시를 보호했는데, 높이가 20미터나 되었다고 해요. 길이는 무려 15킬로미터에 달했고요. 이보다 더 외곽에 쌓은 성벽의 길이는 1,600킬로미터에 달했지요. 베닌 왕국에서는 이 기다란 성벽으로 시골 지역을 여러 마을로 나누었어요.

베닌시티의 성벽은 아주 유명했어요.

노동자들은 왜 꼭 단체에 가입해야 했을까?

베닌 왕국 노동자들은 '길드'라는 단체에 꼭 가입해야 했어요. 자신의 원래 직업에 기반을 두고 길드 활동을 했지요.

자네, 비단을 너무 싸게 팔고 있군!

17세기, 네덜란드 암스테르담의 직물 제조업자 길드를 보여 주는 렘브란트의 그림이에요.

길드 = 노동자에게 좋은 것

길드란 특정 업계에 종사하는 노동자들의 연합체를 말해요. 길드는 노동자들이 자신의 일과 관련된 기술을 갈고닦을 수 있도록 보장했어요. 또 상품들을 전부 비슷한 가격에 판매하도록 했고요. 베닌 왕국뿐 아니라 중세 유럽 도시에도 길드가 많았어요.

엄격한 길드 규칙

베닌 왕국에서는 다음과 같은 길드 규칙이 있었어요.

① 숙련된 일을 하는 사람은 누구나 알맞은 길드에 들어가야 한다.
② 길드에 들어간 사람만 길드에서 하는 일을 할 수 있다.
③ 길드에 안 들어감 = 일 없음!
④ 여자는 길드에 들어갈 수 없다. (옷감 짜는 길드 제외.)
⑤ 모든 규칙은 오바가 정한다. 그러므로 모든 규칙은 변경할 수 없다.

기술이 필요한 작업에는 거의 다 길드가 있었어요. 그리고 베닌시티에는 길드마다 자신들만의 구역이 따로 있었지요. 그래서 장신구는 장신구 만드는 사람들끼리, 가죽은 가죽을 만드는 사람들끼리 모여 만들었어요. 길드에 들어가려면 관련 기술을 미리 익혀야 했어요. 이것은 길드의 기술 수준을 일정하게 유지하는 데 도움이 되었지요.

다양한 길드

베닌시티에는 총 40개 길드가 있었어요.
그중 몇 개만 소개할게요.

북 치는 사람 길드

나무 조각가 길드

대장장이 길드

가죽 손질하는 사람 길드

상아 조각가 길드

옷감 짜는 사람 길드

가장 중요한 길드는 표범 사냥꾼 길드와
황동 다루는 사람 길드였어요.

왜 하필 우리 길드 구역이 북 치는 사람들 옆인 거야?

후후. 나는 매우 중요한 반려동물이지!

길드는 전부 오바를 위해 일했어요. 길드를 처음 만든 사람은 베닌 왕국의 초기 통치자인 오기소 에레였다고 해요. 에레는 베닌 왕국이 공예품을 뛰어나게 잘 만들길 바랐어요. 그래서 자신의 궁전을 환상적인 물건과 예술 작품으로 꽉꽉 채웠으면 했지요. 그래서 길드를 만들고, 아름다운 공예품으로 궁전을 꾸몄어요!

베닌 왕국의 밀랍은 다 어디로 갔을까?

다 녹였어요! 베닌 왕국에는 유명한 청동 작품이 많이 있는데, 밀랍을 녹여서 만드는 '밀랍 주조법'으로 완성했지요. 주조란 녹인 금속을 거푸집에 부어 물건을 만드는 거예요.

물처럼 녹은 황동을 거푸집에 붓고 있어요.

물론 실제로는 청동이 아니라 황동으로 만들었어요.

청동? 황동?

청동과 황동은 무엇이 다를까요? 청동은 구리에 주석을 섞어서 만들어요. 황동은 구리에 아연을 섞어서 만들고요. 이렇게 금속과 금속을 섞는 걸 합금이라고 해요. 황동은 청동보다 저렴하게 만들 수 있어서 베닌에서 인기가 높았어요.

황동으로 예술 작품을 만드는 방법

① 밀랍으로 만들고 싶은 모형을 조각해요. 최대한 세밀하게요.

② 밀랍 모형을 진흙으로 감싼 뒤 단단히 굳혀요. 그러면 거푸집이 완성돼요.

③ 황동 고리 마닐라를 가열해 완전히 녹여요.

④ 녹인 황동을 진흙 거푸집에 부어요. 황동이 밀랍을 녹이면서 그 자리를 채워요.

⑤ 황동이 차갑게 식으면 거푸집을 깨부숴요.

⑥ 황동을 닦아 반짝반짝 윤이 나게 해요!

⑦ 황동 작품을 오바에게 가져가요. 오바가 좋아하기를 바라며 손가락을 꼬아 행운을 빌어요!

도둑맞은 보물!

베닌 왕국의 청동, 황동 작품은 많이 알려져 있어요. 왜냐하면 19세기 후반에 영국 침략자들이 베닌의 청동, 황동 작품 1천여 점을 훔쳐 갔거든요. 이 작품들은 현재 유럽 여러 박물관에 흩어져 있어요. 그중 명판에는 베닌에서 영향력 있던 사람들의 이름이 새겨져 있지요.

방패막이 황동

에도 사람들은 황동에 불가사의한 힘이 있어 자신들을 악에서 보호해 준다고 믿었어요. 그래서 오바의 궁전도 황동으로 가득했지요.

영국 런던 대영 박물관에 전시된 베닌 명판들

황동 명판 수천 개가 오바의 궁전 내부를 덮고 있었어요.

왕을 위해 일하다

황동 주조 길드에 속한 장인들은 베닌에서 아주 존경받았어요. 그들은 오직 오바를 위해서만 일할 수 있었지요. 베닌에 있는 황동 물건은 전부 오바의 소유였어요.

농부들은 왜 열대 우림의 나무를 불태웠을까?

아프리카에는 열대 우림이 많아요.
열대 우림에는 어마어마하게 많은 나무가 있지요!
열대 우림은 다양한 동식물의 서식지이면서
베닌 왕국 농부들의 거주지이기도 했어요.
농부들은 농사짓고 살기 위해 나무를 불태웠지요.

까옥!

무슨 소리지? 앵무새? 아니면 유령?

모여 있는 게 더 좋아

베닌 왕국 사람들은 대부분 열대 우림 속 작은 마을에서 살았어요. 그들은 서로를 보호하기 위해 함께 모여 살았지요.

무엇으로부터 서로를 보호하려고 했을까요? 다른 종족이나 같은 에도족 중 다른 무리로부터 보호했어요. 표범 같은 야생 동물과 숲에 산다고 믿었던 사악한 영혼도 경계했고요.

나무를 베고 불태워서 만든 땅

농부들은 농작물을 기를 수 있는 작은 땅을 갖고 있었어요. 열대 우림의 풀과 나무를 벤 뒤 불태워 농사지을 땅을 만든 거예요. 이때 나온 재는 땅에 영양소를 더해 농작물이 잘 자라도록 도왔지요.

농부들은 개간된 땅에 얌, 콩, 플랜틴 바나나, 땅콩, 목화 등을 길렀어요.
얌을 가장 많이 길렀지요!

얌은 매우 중요한 작물이어서 남자가 기르고 돌보았어요. 여자는 얌보다 조금 덜 중요한 양파 같은 작물을 돌보았고요.

냠냠, 맛있는 얌

얌은 고구마처럼 생긴 덩이줄기예요. 에도 사람들은 아침에도, 점심에도, 저녁에도 얌을 먹었어요. 아마 간식으로도 먹었을 거예요. 얌을 좋아하지 않는 사람에겐 불행한 일이었지요!

통후추

또 무엇을 먹었을까?

에도 사람들은 얌과 다른 농작물 외에도 숲에서 얻은 과일, 특히 산딸기류의 열매를 많이 먹었어요. 사슴과 영양을 사냥해 먹기도 했고요. 강에서 낚시하거나 조개를 캐기도 했어요. 고기와 달걀을 얻기 위해 닭이나 염소, 소를 키우는 사람들도 있었지요.

인기 만점 후추

또 다른 중요한 작물로는 후추가 있어요. 후추는 유럽에서 인기가 많았지요(13쪽 참고). 목화 역시 널리 재배되었어요. 목화에서 실을 뽑아내 옷감을 짰거든요.

조개 열매 닭

자전거가 어떻게 베닌 왕국을 파괴했을까?

베닌 왕국에는 귀중한 나무가 많았어요. 예를 들어, 기름야자 나무는 나무에서 나온 기름으로 요리도 하고 불도 밝힐 수 있어 아주 유용했지요. 19세기 후반, 다른 나무가 주목받기 시작했어요. 바로 고무나무예요.

고무는 고무나무 껍질에서 나온 진으로 만들어요.
진은 나무껍질에서 나오는 끈끈한 물질이에요.

고무가 필요해

고무는 15세기 후반에 발견되었어요. 그리고 시간이 흘러 19세기 중반, 미국의 화학자 찰스 굿이어가 고무를 더 단단하고 유용하게 만들었어요. 19세기 후반이 되자 고무를 필요로 하는 사람들이 폭발적으로 늘어났어요. 유럽 사람들이 자전거와 차를 타기 시작했거든요. 제조 회사에서는 자전거와 차 바퀴에 필요한 타이어를 만들기 위해 고무를 구하러 다녔어요.

오, 바퀴가 좋은데?

베닌 왕국에는 고무가 많았어요.
영국은 자전거에 필요한 고무를 얻기 위해 베닌 왕국을 침략했지요.

보호 아닌 보호

1892년에 영국은 자신들이 베닌 왕국을 보호하겠다고 선언했어요. 오바는 보호할 필요 없다고 했지요! 두 나라는 크게 다투었어요. 그러다 1897년에 오바의 전사들이 영국 공무원들을 죽이는 일이 벌어졌어요.

안 돼!

가혹한 복수

영국 공무원들을 죽인 벌로 영국은 베닌시티를 거의 다 불태웠어요. 그리고 오바에게 베닌 왕국을 떠나라고 했지요.

영국은 베닌 왕국에 있는 고무란 고무는 다 찾아서 가져갔어요.

오바의 궁전에서 청동을 가져가기도 했어요. 갖고 싶은 건 다 가져갔지요!

2016년에 열린 오바 에우아레 2세의 대관식

베닌 왕국의 최후

1897년, 베닌 왕국은 끝내 무너졌어요. 영국의 통치 아래 베닌 땅은 나이지리아의 일부가 되었고, 나이지리아는 1901년에 대영 제국의 일부가 되었지요. 대영 제국은 영국 본토와 영국의 식민지, 통치 지역을 통틀어 부르던 말이에요. 1960년 나이지리아가 영국에서 독립하면서 베닌 왕국은 에도주가 되었어요.

★ **오늘날에는 에우아레 2세가 명목상 베닌 왕국의 오바 칭호를 사용하고 있어요.**

아프리카 분할

19세기 후반, 아프리카 땅을 점령하기 위해 나선 유럽 강대국은 영국만이 아니었어요. 많은 나라가 아프리카 땅을 쪼개서 차지하려고 했지요. 이러한 과정을 '아프리카 분할'이라고 해요. 프랑스, 독일, 포르투갈, 벨기에도 아프리카 일부를 식민지로 삼았어요. 아프리카 사람들이 무엇을 원하는지 관심 있는 나라는 하나도 없었지요.

궁금해요, 궁금해!

오바는 왜 손목에 악어를 차고 있었을까요?

> 오바도 감히 나한테는 대들지 못해!

악어는 베닌 왕국 곳곳에 있었어요. 궁전 명판에도, 오바의 장신구에도, 강과 호수에도 있었지요! 오바는 빙글빙글 비틀려 돌아간 악어 모양 팔찌를 종종 착용했어요. 악어가 오바와 올로쿤을 연결해 준다고 생각했거든요. 바다의 신 올로쿤은 베닌 왕국과 유럽의 해상 무역이 활발히 이루어지도록 했지요. 악어는 포악하게 사람을 죽이기도 했어요. 그래서 사람들은 악어 모양 팔찌를 볼 때마다 오바의 강력한 힘을 다시 한번 깨달았지요.

에도 사람들은 왜 막대기를 흔들었나요?

에도 사람들은 때때로 조상에게 기도를 올려 보호나 도움을 요청했어요. 조상이 기도를 못 들으면 어떡하냐고요? 걱정 마요. 달그락달그락 소리를 내서 주의를 끌면 돼요. 에도 사람들은 나무로 조각된 긴 막대기를 흔들었어요. 막대기 끝에 구슬이나 돌이 들어 있어서 막대기를 흔들 때마다 달그락 소리가 났지요. 하지만 오바는 이런 평범한 막대기를 사용하지 않았어요. 정교하게 조각된 황동 막대기를 흔들었지요.

> 여기 좀 보세요!

오바가 산호로 만든 옷을 입었다고요?

오바는 화려한 것을 좋아했어요. 장신구는 오바의 권력을 보여 주었는데, 그중 최고는 황동이나 산호 장신구였지요. 산호는 바다 밑에 사는 산호류가 모여 나뭇가지 모양의 군체를 이룬 거예요. 몇몇 이야기에 따르면 바다의 신 올로쿤이 오바에게 산호를 주었어요. 오바가 올로쿤에게서 산호를 훔쳤다는 이야기도 있어요. 중요한 위치에 있는 에도 사람들은 산호로 만든 팔찌와 목걸이를 착용했어요. 오바는 가끔 산호로 만든 옷도 입었지요. 산호 옷을 입으면 자신이 내리는 저주가 다 이루어질 만큼 강해진다고 생각했거든요!

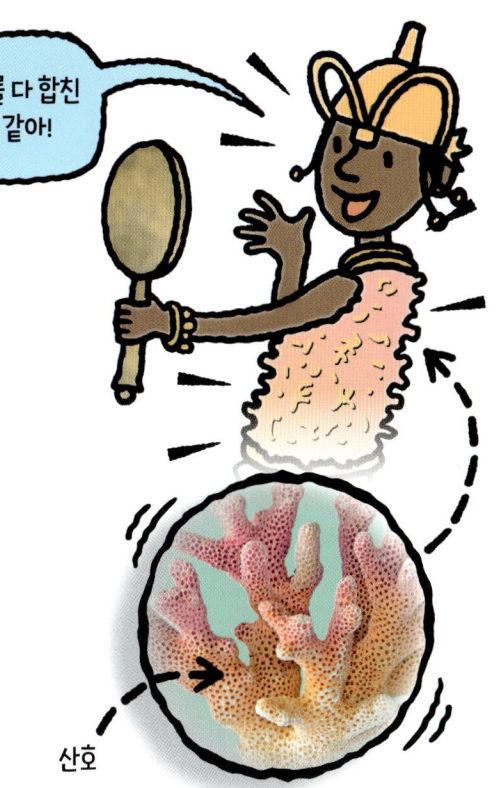

마닐라를 다 합친 것과 같아!

산호

전투에서 이기는 법을 천산갑한테서 배웠다고요?

싸움이 무엇인지 한 수 배우고 싶다면 어떤 동물을 연구할 건가요? 사자? 아니면 코뿔소? 에도 사람들은 '천산갑'이라는 동물을 연구했어요. 천산갑은 위협을 받으면 몸을 공처럼 둥글게 말아요. 이렇게 하면 차곡차곡 겹쳐진 비늘이 갑옷처럼 온몸을 덮어 자신을 보호할 수 있거든요. 그래서 베닌 왕국의 오바도 천산갑처럼 작은 비늘이 차곡차곡 겹쳐진 갑옷을 입었지요.

새끼 사자들이 몸을 둥글게 만 천산갑을 가지고 놀고 있어요.

세계사 연표

기원전

기원전 3500년 무렵
메소포타미아 문명 시작

기원전 3150년 무렵
상이집트와 하이집트의 통일

기원전 2600년 무렵
마야 문명 시작, 고대 그리스 문명 시작

기원전 2500년 무렵
인도 문명 시작, 중국 문명 시작

기원전 2333년
고조선 건국

기원전 1600년
상 왕조 성립

기원전 1046년
상 왕조 멸망

기원전 753년
고대 로마 건국

기원전 146년
고대 로마의 고대 그리스 지배

기원전 108년
고조선 멸망

기원전 57년
신라 건국

기원전 37년
고구려 건국

기원전 30년
고대 로마의 고대 이집트 지배

기원전 27년
로마 제국 시작

기원전 18년
백제 건국

기원후

375년
게르만족 대이동

395년
로마 제국, 동서 분열

476년
서로마 제국 멸망

610년
무함마드, 이슬람교 창시

668년
고구려 멸망

676년
신라, 삼국 통일

793년
바이킹 시대 시작

900년
베닌 왕국 건설
마야 고전기 종식

918년
고려 건국

1066년
바이킹 시대 종식

1096년~1270년
십자군 전쟁

1271년
원나라 건국

1337~1453년
영국·프랑스 백년 전쟁

1347년
유럽, 흑사병 유행

1368년
원나라 멸망, 명나라 건국

1392년
고려 멸망, 조선 건국

1453년
동로마 제국 멸망

1492년
콜럼버스, 아메리카 신대륙 발견

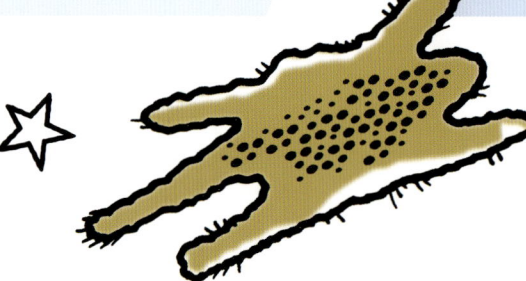

1590년
도요토미 히데요시,
일본 통일

1592년
임진왜란

1644년
명나라 멸망, 청나라 중국 통일

1760년 무렵
산업 혁명

1775~1783년
미국 독립 전쟁

1868년
일본, 메이지 유신

1896년
제1회 올림픽 대회 개최

1897년
대한 제국 수립
영국, 베닌 왕국 점령

1910년
한·일 병합

1914~1918년
제1차 세계 대전

1918년
스페인 독감 유행

1929~1933년
세계 대공황

1933년
독일, 나치당 정권 수립

1939~1945년
제2차 세계 대전

1945년
한국 8·15 광복
국제 연합(UN) 성립

1947~1991년
냉전 시대

1948년
대한민국 정부 수립

1949년
중화 인민 공화국(중국) 수립

1950~1953년
한국 전쟁

1960~1975년
베트남 전쟁

1969년
아폴로 11호 달 착륙

1980~1988년
이란·이라크 전쟁

1988년
서울 올림픽 대회 개최

1990년
독일 통일

1991년
남북한 UN 동시 가입

1997년
IMF 경제 위기

2001년
미국, 세계 무역 센터 테러 참사

2002년
한일 월드컵 대회 개최

2018년
평창 동계 올림픽 개최

2019년
코로나19 발생

2022년
러시아의 우크라이나 침공

용어

개간지 (7쪽)
거친 땅을 일구어 쓸모 있게 만든 땅

개오지 (12쪽)
달걀 모양의 껍데기에 무늬가 있는 바다 고둥

거푸집 (22쪽)
녹인 물질을 단단하게 굳혀 어떤 모양으로 만들 때 사용하는 속이 빈 틀

대영 제국 (27쪽)
8세기부터 1931년까지 영국 본토와 영국의 식민지, 통치 지역을 통틀어 부르던 말

명판 (5쪽)
돌이나 금속에 기념하는 글귀나 그림을 새겨 벽에 박아 놓은 판

무역 (5쪽)
나라와 나라 사이에 서로 물건을 사고팔거나 교환하는 일

밀랍 (22쪽)
꿀벌이 벌집을 만들기 위하여 분비하는 물질

베틀 (11쪽)
실을 가로와 세로로 짜서 비단 등 옷감을 만드는 틀

불가사의 (23쪽)
사람이 생각할 수 없을 정도의 놀랍고 기이한 것

상아 (13쪽)
코끼리의 위턱에 난, 뿔처럼 길게 뻗은 앞니

섬유질 (10쪽)
직물을 만드는 데 사용되는 긴 실

식민지 (27쪽)
다른 나라에 의해 지배되어 국가로서의 힘을 잃은 나라

열대 우림 (7쪽)
기온이 높고 비가 많이 내리는 지역에서 발달한 축축한 숲

오기소 (5쪽)
베닌 왕국 초기에 왕국을 다스리던 왕들을 부르는 말

오바 (5쪽)
오기소 다음으로 왕국을 다스리던 왕들을 부르는 말

용의자 (14쪽)
범죄 혐의가 있어 조사 대상이 된 사람

이요바 (11쪽)
오바의 엄마, 왕대비를 부르는 말

제사장 (14쪽)
신을 섬기고 제사 지내며 신의 뜻을 전하는 사람

주조 (22쪽)
녹인 금속을 거푸집에 부어 물건을 만드는 일

천산갑 (29쪽)
위협을 받으면 몸을 둥글게 마는 동물

행렬 (6쪽)
여럿이 줄지어 감